BEI GRIN MACHT SICH IHR WISSEN BEZAHLT

- Wir veröffentlichen Ihre Hausarbeit,
  Bachelor- und Masterarbeit

- Ihr eigenes eBook und Buch -
  weltweit in allen wichtigen Shops

- Verdienen Sie an jedem Verkauf

Jetzt bei www.GRIN.com hochladen und kostenlos publizieren

Bibliografische Information der Deutschen Nationalbibliothek:

Die Deutsche Bibliothek verzeichnet diese Publikation in der Deutschen National-
bibliografie; detaillierte bibliografische Daten sind im Internet über http://dnb.d-
nb.de/ abrufbar.

Impressum:

Copyright © 2016 GRIN Verlag, Open Publishing GmbH
Druck und Bindung: Books on Demand GmbH, Norderstedt Germany
ISBN: 9783668242159

Dieses Buch bei GRIN:

http://www.grin.com/de/e-book/334134/wie-hat-sich-die-deutsche-industrialisierung-
auf-das-heutige-deutschland

Anja Kurz

Wie hat sich die deutsche Industrialisierung auf das heutige Deutschland ausgewirkt?

Ein Vergleich mit Brasilien und Großbritannien

GRIN Verlag

GRIN - Your knowledge has value

Der GRIN Verlag publiziert seit 1998 wissenschaftliche Arbeiten von Studenten, Hochschullehrern und anderen Akademikern als eBook und gedrucktes Buch. Die Verlagswebsite www.grin.com ist die ideale Plattform zur Veröffentlichung von Hausarbeiten, Abschlussarbeiten, wissenschaftlichen Aufsätzen, Dissertationen und Fachbüchern.

Besuchen Sie uns im Internet:

http://www.grin.com/

http://www.facebook.com/grincom

http://www.twitter.com/grin_com

Peutinger Gymnasium Ellwangen

Fach: Geschichte

Die deutsche Industrialisierung und ihre Folgen

-

~ Wie hat sich die Art und Weise der deutschen ~

~ Industrialisierung auf das heutige Deutschland ausgewirkt?~

Verfasserin: Anja Kurz

Jahrgangsstufe 1

Schuljahr 2015/16

Abgabetermin: 21.01.2016

Inhaltsverzeichnis:

1. Einleitung

Im Folgenden möchte ich mich mit der Frage beschäftigen, inwiefern sich der schnelle Verlauf der Industrialisierung in Deutschland besonders auf dessen spätere industrielle Entwicklung ausgewirkt hat. Denn trotz der Tatsache, dass hier verhältnismäßig spät eine Industrialisierung stattgefunden hat, befindet sich Deutschland heute auf Platz 4 der „Rangliste der Wirtschaftsnationen"[1].

Dabei möchte ich auch einen Vergleich mit anderen heutigen Industriestaaten herstellen. Spielen die Schrittmacherindustrien auch später noch eine Rolle für das Land? Spielt dabei der Verlauf oder der Zeitpunkt der Industrialisierung eine Rolle?

Um dies zu erreichen, werde ich mich zunächst mit den einzelnen Aspekten der Industrialisierung in Deutschland befassen. Dabei gehe ich auf Politik, Wirtschaft und den sozialen Bereich ein. Außerdem werde ich die durch die Industrialisierung verursachten Probleme, sowie die positiven Auswirkungen und die Kernindustrien dieser Zeit aufführen.

Anschließend vergleiche ich anhand dieser Aspekte der Industrialisierung in Deutschland diese mit denen Brasiliens und Großbritanniens. Diese Länder habe ich gewählt, da zum einen Großbritannien das Ursprungsland der Industrialisierung ist und Brasilien auf der anderen Seite ein relativ „frisch industrialisiertes" Land ist. Trotzdem hat Brasilien bis heute einige Staaten in der Wirtschaft überholt. Kann man sagen, dass später industrialisierte Länder einen Vorteil haben, da sie von möglichen Fehlern und Folgen wissen, oder sind gewisse Schwierigkeiten unvermeidbar?

Am Ende folgt das Fazit, um die gewonnenen Erkenntnisse nochmals zusammenzufassen.

2. Industrialisierung in Deutschland

Im Allgemeinen bezeichnet die Industrialisierung den Übergang von einer landwirtschaftlich geprägten zu einer mechanisierten Produktion. Sie entwickelt sich in einem längeren Prozess, der meist in Früh- und Hochindustrialisierung unterteilt wird. Allerdings findet auch heute noch eine Industrialisierung statt, wenn auch nicht so abrupt und mit weniger großen Konsequenzen wie bei der ersten Industrialisierung.

---

[1] Welt Online: Rangfolge der großen Wirtschaftsnationen 2007 und 2012/2016 (Prognose)

Während früher hauptsächlich der Herstellungsprozess maschinisiert wurde, werden diese heute durch den Einsatz von Robotern automatisiert.[2]

Weltweiter Vorreiter bei der Industrialisierung war England um 1780. In Deutschland betrachtet man die Revolution 1848/49 als Beginn der dynamischen Phase der Industrialisierung.

2.1 Die Frühindustrialisierung

Deutschland selbst begann erst etwa 1840 mit dem Wandel vom Agrar- zum Industriestaat und vor allem im landwirtschaftlichen Bereich wurde noch mit rückständigen Methoden und Gerätschaften gearbeitet. Viele Faktoren zögerten die Industrielle Revolution hinaus.

Einen großen Fortschritt auf dem Weg zur Industrialisierung bewirkte die Gründung des Deutschen Zollvereins. Gegründet wurde dieser 1834 mit Preußen an der Spitze. Ziel des Vereins war es innerhalb des Deutschen Bundes den Wirtschaftsraum zu vereinheitlichen. Das ehemalige Heilige Römische Reiche Deutscher Nation bestand nach dessen Auseinanderbruch aus vielen kleinen Einzelstaaten und Fürstentümern. Deshalb war der Handel bisher größtenteils auf die jeweilige Region beschränkt, denn unterschiedliche Einheiten und Währungen, sowie die an den Staatsgrenzen erhobenen Zölle bereiteten dem nationalen Handel erhebliche Schwierigkeiten. Preußens Interesse daran, diese Probleme zu beseitigen, war aufgrund derer geographischer Teilung durch das Königreich Hannover besonders groß.

So ist es nicht verwunderlich, dass eben diese Gebiete bereits früh von Preußen in deren Bund aufgenommen wurden. Nachdem das preußische Zollgebiet immer mehr Zuwachs bekam, entstand letztendlich am 01.01.1834 der Deutsche Zollverein als ein Zusammenschluss aus dem preußischen Zollgebiet und dem 1828 gegründeten Süddeutschen Zollverband. Der Verein wurde mit der Reichsgründung um 1870/71 und deren einheitlichem Wirtschaftsgebiet überflüssig.

Des Weiteren war der Handel durch das Fehlen notwendiger Verkehrswege, wie beispielsweise Kanäle, eingeschränkt, außerdem fehlten Deutschland zu dieser Zeit Kolonien als wichtige Quellen für Rohstoffe und als Handelspartner.

---

[2] https://de.wikipedia.org/wiki/Industrialisierung

Zudem war es schwierig sich gegen die alteingesessenen Denkweisen des Adels und des Bauerntums und gegen das Prinzip der Zünfte durchzusetzen. Und die Bedenken des Adels waren nicht unbegründet, denn sie wurden zunehmend aus den gesellschaftlichen Schlüsselstellen verdrängt. Diese wurden nun zum größten Teil mit Angehörigen des Bildungsbürgertums und Unternehmern besetzt, was entscheidend für die Durchsetzung des Prinzips der individuellen Leistung war. Somit wurde standardisierte Bildung, durch Gymnasien und Universitäten, notwendig und Ansehen und Wohlstand nicht mehr von Stand oder Geburt abhängig. Allmählich wuchs auch der Konsum an Luxusgütern, wie Zucker und Tabak, was der Wirtschaft zugutekam. Selbst die Arbeiter konnten sich durch die langsam steigenden Löhne hin und wieder ein wenig „Luxus" leisten.

Auf dem Land wurde es zunehmend schwerer, sich mit dem dort verdienten Einkommen über Wasser zu halten. Deshalb zogen mehr und mehr Menschen in die Stadt. Jedoch wurden es dort immer mehr Arbeiter, welche mit ihren Familien auf engstem Raum leben mussten und bei der Arbeit nur wenig Geld verdienten.

Die Lösung dieser Problematik, auch als soziale Frage bezeichnet, wurde immer dringender, da ansonsten die gesamte Gesellschaft instabiler werden würde. Dies erkannte auch die neue Oberschicht, somit konnte zumindest ein Teil der Forderungen der Arbeiterbewegung umgesetzt werden.

Eine weitere Schwierigkeit bereiteten die zahlreichen Steuern, welche die Kaufkraft der Bevölkerung minderten. Dies wirkte sich wiederum durch die geringe Nachfrage negativ auf die Industrie aus.

Die Landwirtschaft spielte bald im Vergleich zu der Industrie keine sehr große Rolle mehr in der deutschen Wirtschaft, doch bereits am Anfang des 19. Jahrhunderts konnten hier die Absätze durch Neuerungen wie künstliche Düngemitteln oder Dampfpflügen teils um bis zu 25% gesteigert werden. Dies führte dazu, dass viele Landwirte von der Viehzucht zum Ackerbau umstiegen.

Ein weiteres wichtiges Ereignis, welches der gesteigerten Agrarproduktion entgegenkam, war die Bauernbefreiung. Hierbei wurden die Bauern von ihren Verpflichtungen gegenüber ihren Grundherren gelöst. Dabei handelt es sich jedoch nicht um ein gewisses Ereignis, sonder um einen längeren Entwicklungsprozess.

Doch trotz der Steigerung der Produktion von Ackergütern, waren Missernten Auslöser schlimmer Hungersnöte, da die Einwohnerzahlen stetig stiegen. Die produzierten Güter reichten geradeso aus, um die Menschen zu ernähren und es konnten keine Notreserven beiseitegelegt werden.

Mechanische Webstühle und Spinnmaschinen gehörten zu den ersten Entwicklungen der deutschen Industrie im Bereich der Textilherstellung. In diesem Bereich lässt sich auch die Orientierung an England gut erkennen.

Im Falle Deutschlands war jedoch die Eisenbahn die zentrale Antriebskraft hinter der Industrialisierung. Die erste Eisenbahn fuhr, finanziert von einigen Bürgern, 1835 von Nürnberg nach Fürth, ab 1850 finanzierte die Regierung die stetige Erweiterung des Eisenbahnnetzes, welche etwa ab 1840 begann. Bis 1870 sollten beinahe 20.000 km Bahnstrecke gebaut werden. Einige Regionen, die noch lange hauptsächlich von der Landwirtschaft leben, wurden nur zögerlich an das Eisenbahnnetz angeschlossen. Ein Beispiel hierfür ist Ostpreußen. Hier lebten die meisten Menschen bis zum Ende des 19. Jahrhunderts von der Landwirtschaft.

Durch den Ausbau des Schienennetzes bekam die deutsche Wirtschaft, vor allem die Eisen- und Stahlindustrie einen gehörigen Aufschwung. Und nicht nur das, auch der Handel wurde durch einen schnelleren Transport mit einer großen Kapazität an Waren vereinfacht. Dabei war die Eisenbahn ziemlich kostengünstig und konnte dazu genutzt werden neue Rohstoffvorkommen und Märkte zu erschließen. Auch das Schiff wurde mehr und mehr für den Handel genutzt, und der deutsche Überseehandel konnte in den folgenden Jahren wachsen.

Um die Eisenbahn und die Schienen oder auch Schiffe zu bauen, wurde Stahl benötigt und für dessen Herstellung, sowie für den Betrieb der Eisenbahnen wiederum Kohle. Dieser Kreislauf gab der deutschen Industrie einen Schub und Kohlebergbau, Eisenindustrie und Maschinenbau wurden zu den wichtigsten Industriezweigen. Auch im Kohlebergbau wurden manche Dinge von England abgeschaut, wenn auch meist alte Techniken ausgebaut wurden. Dampfmaschinen erleichterten die Lösung vieler Probleme beim Kohlebergbau und stammten schon zehn Jahre nach ihrer erstmaligen Nutzung aus deutscher Produktion. In der Eisenindustrie wurden alte Methoden mit neuer Technik kombiniert.

Zunächst war der Süden bei dieser Entwicklung im Rückstand. Die meisten neuen Fabriken wurden in Mittel- und Ostdeutschland gebaut, Berlin und vor allem Chemnitz waren wichtige Zentren des Maschinenbaus. Der Westen gewann durch die Förderung von

Kohle und Produktion von Stahl mithilfe vom Dampfmaschinen zunehmend an wirtschaftlicher Bedeutung.

Die Zentren befanden sich meist an Orten mit vielen Rohstoffen (Kohle, Eisen, etc.) und zogen als Standorte der Industrie Arbeiter geradezu an. In diesen Gebieten konnten aus den kleinsten Dörfern oder zuvor unbesiedelten Flächen Städte entstehen, weshalb sie auch Industriereviere genannt wurden. Da jedoch nicht so schnell neue Wohnungen gebaut werden konnten, wie man sie für die Arbeiter benötigt hätte, lebten ganze Familien in einem einzigen Zimmer.

In den wirtschaftlichen Zentren wurden Familienunternehmen und Personenhandelsgesellschaften zunehmend von Aktiengesellschaften, Zusammenschlüssen von Unternehmern, verdrängt, denn diese konnten die für die technischen Investitionen nötigen großen Geldmengen in kurzer Zeit beschaffen. Zusätzlich entwickelte sich ein modernes Bankwesen, welche es den Aktiengesellschaften durch Großkredite erleichterte, weitere Investitionen in den Bahnbau zu tätigen, da diese nun nicht mehr ausschließlich ihr Eigenkapital zu Verfügung hatten. Besonders die Deutsche Bank, welche 1870 von Georg Siemens gegründet wurde, hatte große Bedeutung. Durch ihre zahlreichen Filialen, welche sich über die gesamte Erde erstreckten, unterstützte sie die deutsche Außenwirtschaft.

Weiterhin schlossen sich oftmals mehrere Aktiengesellschaften zu überregional arbeitenden Konzernen zusammen, um Produktions- und Absatzvorteile besser nutzen zu können. Die Zeit der Bildung von Aktiengesellschaften wird Gründerzeit genannt.

Bereits 1870 erreichte Deutschland den vierten Platz der Weltproduktion an Kohle und auch die Reichsgründung 1871 verursachte einen Schub der deutschen Wirtschaft. Einen weiteren bedeutenden Impuls für die Industrialisierung erhielt Deutschland durch die von Frankreich zu zahlende Entschädigung nach dem Deutsch-Französischen Krieg 1871 in Höhe von 5 Milliarden Francs, welche den Kapitalmarkt belebte.

Das Ende der Frühindustrialisierung wird meist auf das Jahr 1873, dem Jahr der Gründerkrise, gesetzt.

2.2 Die Hochindustrialisierung

Nachdem in den letzten Jahrzehnten die Grundlagen für eine florierende Wirtschaft in Deutschland gelegt worden waren, ging es nun während der Hochindustrialisierung darum, die Techniken weiter auszubauen. Die deutsche Produktion versechsfachte sich, deshalb wird diese Zeit auch industrielle Ausbauphase genannt.

Allerdings begann diese Zeit ganz und gar nicht positiv. Durch die Gründerkrise 1873 wurde der wirtschaftliche Wachstum gestoppt. Die Folge waren Zusammenbrüche von Banken und Firmen, Niedergang von Handel und Gewerbe, mehr und mehr Arbeitslose und soziale Unzufriedenheit. In der Arbeiterbewegung sammelten sich protestierend frustrierte Arbeiter, Handwerker, etc. Wieder andere beschuldigten die Juden, was den populistischen Antisemitismus schürte. Das nun langsamere Wachstum der Wirtschaft und geringere Preise für gewerbliche Produkte glichen den Wachstum der letzten Jahre aus. Die Industrialisierung setzte sich trotzdem auch nach 1873 noch fort, jedoch folgten für die deutsche Wirtschaft auch noch in den 80er und 90er Jahren weitere schwere konjunkturelle Einbrüche. Dabei ist nicht von einem Produktionsrückgang die Rede, sondern von einer Verlangsamung des Wachstums. Ab Mitte der 1890er setzte eine lang anhaltende Aufschwungphase ein, nur unterbrochen von zwei kurzen Produktionsrückgängen 1906 und 1908.

Der Energieverbrauch steigerte sich in den nächsten Jahren sehr stark, wodurch die Produktion von Stein- und Braunkohle, welche zur Deckung des Energieverbrauchs genutzt wurden, ebenfalls anstieg. Vergleicht man die Werte der Steinkohleförderung von 1870 mit 26,5 Millionen Tonnen mit der Förderung von 1914 mit 190 Millionen Tonnen [3] ist dies sehr gut erkennbar. Auch die Roheisen- und Rohstahlerzeugung steigerten sich deutlich.

Durch das gute Zusammenwirken von Forschung und Kapitalgebern erlangte Deutschland bald einen weltweit führenden Platz in der Wirtschaft und überwand somit die Gründerkrise.

Ab den 1880er Jahren gewannen die Chemie- und Elektroindustrie an Bedeutung und wurden die neuen Hauptbranchen Deutschlands. Das Automobil wurde entwickelt und veränderte somit nach der Eisenbahn abermals das Transportwesen.

Eine der bedeutendsten Neuerungen war die Elektrifizierung. Zunächst versorgten die gebauten Kraftwerke kleinere Firmen, bis später ganze Städte mit Strom versorgt werden konnten. Die erste Fernleitung führte mit einer Länge von ca. 184 km von Laufen

---

[3]Vgl.: https://www.dhm.de/lemo/kapitel/kaiserreich/industrie-und-wirtschaft.html

nach Frankfurt. Sie wurde am 24.08.1891 in Betrieb genommen, der Strom kam am selben Tag noch in Frankfurt an.

Dies führte dazu, dass die Elektronik und die Kraftbetriebe bald einen Aufschwung erlebten, da das Vertrauen in die neue Technik wuchs. Viele Industrien, wie beispielsweise die Haushaltsgerätehersteller und die Funkindustrie profitierten besonders von dieser Entwicklung. Erfindungen, wie die Straßenbahn und das Telefon wurden durch die Elektrizität möglich.

Weltweit stammte 1914 jede zweite elektrische Maschine von AEG (Allgemeine Elektrizitäts-Gesellschaft) oder Siemens. Im Bereich der Chemie übernahmen diese Rolle die BASF (Badische Anilin- und Soda-Fabriken), Bayer und Hoechst durch den Vertrieb von Farbstoffen und Pharmazeutika.

Zur Spitze des technischen Fortschritts gehörten insbesondere Fabriken für Optik und Feinmechanik. Anfangs gab es hier hauptsächlich kleiner Betriebe, welche sich auf bestimmte Bereiche spezialisiert hatten, die dann später immer größer wurden. Ein Beispiel für einen solchen Betrieb sind die Zeiss-Werke, welche die Mikroskoptechnik und die Hochleistungsoptik mithilfe der wissenschaftlichen Ergebnisse von Ernst Abbe revolutionierten.

Auch die Umstände für die Arbeiter besserten sich zunehmend. Während die wöchentliche Arbeitszeit von durchschnittlich 72 Stunden im Jahr 1872 auf nur 57 Stunden im Jahr 1914 sank, stiegen die Löhne an. Zusammen mit der staatlichen Sozialgesetzgebung verbesserten sich die Lebensverhältnisse des größten Teils der Bevölkerung.

In der Gesellschaft wurde allerdings weiterhin zwischen Ober- und Unterschicht, in diesem Falle nicht Adel und Bauern, sondern Bürger und Arbeiter, unterschieden. Allerdings beherrschte hier nicht die eine die andere Gruppen. Vielmehr gab es in den Gruppen Abstufungen, welche mehr oder weniger Einkommen oder Einfluss hatten. Außerdem gab es noch immer einige wenige Adlige, welche Einfluss auf den Staat hatten. Besonders die Gruppe der Angestellten, auch Mittelstand genannt, wuchs schnell. Sie orientierten sich sozial am Bürgertum und versuchten deren Lebensstil nachzuahmen, außerdem hatten sie wesentlich angenehmere Arbeitsbedingungen, als die Arbeiter, wie beispielsweise kürzere Arbeitszeiten und ein festes Monatsgehalt.

Auch diese Oberschicht hatte zahlreiche Vorteile innerhalb der Gesellschaft. Diese Problematik wurde zunehmend auch in der Politik wichtig. So erkannten die Arbeiter, dass sie gemeinsame Interessen vertraten und begannen sich in Gewerkschaften, sowie in der sozialdemokratischen Partei zu organisieren. Dabei hatten aggressiver vorgehende Gewerkschaften mehr Mitglieder, als solche, die auf friedlichem Wege eine Lösung suchten. Beispiel hierfür sind die Mitgliederzahlen vor dem Ersten Weltkrieg, so hatten die sozialdemokratischen Freien Gewerkschaften 2,5 Millionen Mitglieder, während die wirtschaftlich friedlich gestimmten christlichen und liberalen Gewerkschaften zusammen nicht einmal eine halbe Million Mitglieder zählten.

Manche Unternehmer wollten jedoch die Gewerkschaften nicht als gleichwertig annehmen, besonders in Großbetrieben stellten sie sich noch immer über ihre Angestellten und lehnten Gewerkschaften vehement ab. Ein Extrembeispiel dabei ist Krupp, er und weitere Unternehmen, ließen von den eigenen betrieblichen Gewerkschaften Listen mit sozialdemokratisch orientierten Arbeitern anfertigen, sogenannte „schwarze Listen". Die Arbeiter auf den Listen sollten hierdurch keine Arbeit mehr finden.

In Großbritannien wurde eine freihändlerische Haltung vertreten, während der Staat in Deutschland in der Wirtschaft durch Subventionen und Tendenzen zum Schutzzoll eingriff. Die Kämpfe um Absatzmärkte und Kolonien wurden zunehmend aggressiv geführt, was zu einem verstärkten Interessenkonflikt mit anderen Industriestaaten führte, denn Deutschland wollte sich als politische Weltmacht positionieren.

Die beiden Jahrzehnte vor dem Ersten Weltkrieg war für die deutsche Wirtschaft geprägt von der sogenannten Hochkonjunktur, einer Zeit mit massivem Wirtschaftswachstum. Während der Hochkonjunktur überholte Deutschland die britische Wirtschaft.

Als Ende der Hochindustrialisierung dient der Anfang des Ersten Weltkrieges 1914, Deutschland hatte sich mit einem weltweiten Marktanteil von etwa 15% bei der Industrieproduktion zur führenden Industrienation Europas entwickelt. Zum Vergleich: Großbritanniens Anteil lag bei 14%, der der USA machte 32% aus. Die Herkunftsbezeichnung „Made in Germany", welche von den Briten als Kennzeichnung von Produkten minderer Qualität gedacht war, hatte sich zum Gegenteil gekehrt. Und auch weiterhin war Deutschland eines der wichtigsten europäischen Agrarländer.

3. Folgen für Mensch und Gesellschaft

Neben all dem technischen Fortschritt und dem Ausbau der Wirtschaft in Deutschland, traten, vor allem im sozialen Bereich, große Probleme auf. Doch auch auf lange Hinsicht ergaben sich vor allem für die Natur negative Folgen. Es war zu dieser Zeit noch nicht klar, welche Folgen die Verschmutzung von Luft, Boden und Wasser durch Chemikalien und andere Schadstoffe haben würden. Das volle Ausmaß wird uns erst heute deutlich bewusst.

Jedoch musste auch die damalige Gesellschaft infolge der Industrialisierung lernen, mit den entstandenen Problemen umzugehen.

3.1 Arbeitslosigkeit und Pauperismus

Infolge der Maschinisierung der Produktion wurden zwar Arbeiter benötigt, die die Maschinen bedienen konnten, jedoch schuf dies weitaus weniger Arbeitsplätze, als nötig waren. Die Maschinen erledigten die Arbeit mehrerer Arbeiter und benötigten lediglich ein paar Personen, um sie zu bedienen. Zugleich arbeitete sie weitaus effizienter und schneller. Somit wurden Handwerker zum größten Teil überflüssig und mehr und mehr Menschen arbeitslos.

Dazu kam auch noch, dass die Bevölkerungszahl von 1816 bis 1850 um ca. 50% zunahm[4], denn es gab große Fortschritte in Medizin und Hygiene. Zusätzlich zu den wenigen verfügbaren Arbeitsplätzen, führte dies zu massiven Problemen im Bezug auf Arbeitslosigkeit. Wirtschaftshistoriker schätzen, dass es einen Mangel an ca. 800.000 Arbeitsplätzen gab. Dies wiederum hatte zur Folge, dass viele Menschen verarmten. Besonders stark vom sogenannten Pauperismus (lat. pauper = arm) betroffen waren während der Frühindustrialisierung die schlesischen Weber. Als diese sich schließlich 1844 mithilfe eines Aufstandes zu wehren versuchten, wurde der Aufstand einfach niedergeschlagen.

Bis 1850 wanderten viele Menschen aus Deutschland aus, um ihr Glück in Amerika oder einem anderen Land zu suchen.

---

[4]Vgl. https://www.blikk.it/angebote/modellmathe/ma0154a.htm#Entwicklung

3.2 Soziale Frage

Doch nicht nur Armut und Arbeitslosigkeit waren zentrale Probleme der damaligen Zeit. Selbst wenn man damals einen Arbeitsplatz hatte, hieß das noch lange nicht, dass man nicht arm war. Im Falle der Weber in Schlesien, wo Textilproduktion eine wichtige Einnahmequelle war, wurde dies zu einem so großen Problem, dass die dortigen Arbeiter (Weber) mit Aufständen auf ihre missliche Lage aufmerksam machen wollten. Sie waren vollkommen von ihrem Grundherren, sowie der Preislage der Textilien abhängig. Kinderarbeit war hier keine Seltenheit. Die technischen Neuerungen verschlechterten die Lage nochmals. Heimarbeiter konnten sich die mechanischen Webstühle nicht leisten, außerdem konnte ein Webstuhl die Arbeit von ca. 100 Webern bewerkstelligen. Sie konnten auch von ungelernten Arbeitern bedient werden und waren somit insgesamt billiger, als die Handwerker.

Die darauf folgenden Aufstände wurden schnell entschärft, einige Weber wurden verhaftet und ins Gefängnis geworfen.

3.3 Lösung der Probleme

Die Angst von Fabrikbesitzern und Politikern, dass es zu weiteren Aufständen kommen könnte, ließ diese handeln. Bismarck, der damalige Reichskanzler, schwächte zwar einerseits die Arbeiterbewegung, indem er mit dem Sozialistengesetz von 1878 sozialdemokratische Organisationen verbieten ließ. Doch andererseits verabschiedete er eine europaweit vorbildliche Sozialgesetzgebung. Hiermit konnten die schlimmsten Nöte gemildert werden. Zum einen gab es ab 1883 in Deutschland eine Krankenversicherung, ein Jahr später folgte die Unfallversicherung und bald darauf kommen noch Invaliditäts- und Rentenversicherung hinzu. Zusätzlich fingen Unternehmen an, eine betriebliche Sozialpolitik ins Leben zu rufen.

Letztendlich hat die Industrialisierung den Lebensstandard der Bevölkerung deutlich erhöht, wenn auch die Arbeiterschaft zu Beginn deutlich benachteiligt wurden. Vor allem durch die dringende Lösung der sozialen Probleme konnte Deutschland sich hier als eines der fortschrittlichsten Länder bezeichnen. Dennoch gab es weiterhin soziale und politische Probleme, welche später zu den beiden Weltkriegen führen sollten.

4. Die Industrialisierung in anderen Ländern

4.1 Großbritannien

Großbritannien war der Vorreiter der Industrialisierung. Bereits in der zweiten Hälfte des 18. Jahrhunderts wurde zum Beispiel von James Watt das Patent für eine weiterentwickelte Dampfmaschine angemeldet und auch später wurde diese stetig weiterentwickelt. Die Spinnmaschine „Spinning Jenny" erleichterte die Textilproduktion, welche den zentralen Antrieb der englischen Industrialisierung darstellte, da mehr und mehr Nachfrage an Textilien bestand. So wurde der Wirtschaftssektor der Textilien in England zum bedeutendsten dieser Zeit. In dieser Branche waren um 1750 bereits 27% der englischen und walisischen Arbeiter beschäftigt und auch für Erfinder und Investoren waren Textilien ein wichtiger Geschäftszweig. Trotz allem mussten neue Techniken für eine höhere Arbeitseffizienz sorgen, da die hohe Nachfrage zunächst nicht gedeckt werden konnte.

1776 wurde die Dampfmaschine zum ersten Mal industriell eingesetzt, indem sie als Antrieb für das Hochofengebläse einer Eisenhütte diente. Bereits ca. 25 Jahre später sollten ca. 1000 Dampfmaschinen in der Industrie Einsatz finden. Da sie durch den Einsatz von Kohle betrieben wurden, war man nicht mehr auf Wasser als Kraftquelle angewiesen und Fabriken konnten auch in der Nähe der Städte errichtet werden.

Mit der Eisenbahn erfuhr die britische Industrialisierung ihren Höhepunkt, da diese den Transport über Wasser und durch Pferdekutschen ablösten. Um die für den Bau der Eisenbahnen und -bahnschienen benötigten Rohstoffe aufbieten zu können, wurde mehr in Bergbau und Schwerindustrie investiert, was auch in diesen Branchen zu einem bedeutenden Aufschwung führte. Bis 1850 wurde ein Schienennetz von über 10.000km gebaut. Mit der Erfindung der Dampflokomotive und der Inbetriebnahme der ersten öffentlichen Bahnen ging in England bereits die erste Industrielle Revolution zu Ende.

Es gab zahlreiche Faktoren, die dazu führten, dass England das Ursprungsland der Industrialisierung war. So hatte England als Kolonialmacht Zugang zu den Rohstoffen seiner Kolonien und konnte dort Waren verkaufen. Auch im Land selbst war eine gute Rohstoffversorgung möglich. Da Englands Kolonien über der gesamten Erde aufgeteilt waren, hatte das Land auch eine gute Möglichkeit konkurrierende Länder kleinzuhalten. Ein Beispiel hierfür ist die Baumwollindustrie Indiens.

Das Prinzip des Absolutismus und die Grundherrschaft wurden hier früher aufgelockert und der Zwang als Handwerker in eine Zunft einzutreten, war schon lang gelöst. Die

Bürger hatten wegen der konstitutionellen Monarchie und der parlamentarischen Demokratie bereits früh die Möglichkeit in der Politik Macht auszuüben.

All diese Dinge erleichterten den Aufbau des Handel, führten zu einer Kapitalbildung und gaben der Technik die Möglichkeit sich weiterzuentwickeln.

Durch die Tatsache, dass England eine Insel ist, waren sie bereits früh gezwungen für einen funktionierenden Handel Kanäle zu bauen und erkannten früh den Nutzen von Eisenbahnen, so war England schon seit dem 17. Jahrhundert die größte Handelsmacht Europas. Aufgrund ihrer vielen Flotten für Handel und Krieg hatten sie auch keine Probleme ihre Waren und Rohstoffe zu verschiffen. Durch eine Lockerung der Ständeschranken konnte später auch der Adel weltweit in den Handel einsteigen.

Mithilfe von weit entwickelten Banken und dem Kapital, das der Adel Großbritanniens angespart hatte und durch niedrige Zinsen wurde ebenfalls der Weg zur Industrialisierung geebnet. Dieses Geld wurde vom Adel in Konzerne investiert.

Viele Landwirte entschieden sich dazu, in die Nähe der Industriezentren zu ziehen, um dort arbeiten zu können, da sie durch den „Wandel in der Landwirtschaft"[5] nicht mehr von den Erzeugnissen ihrer Höfe leben konnten. Durch dieses Überangebot an Arbeitskräften mussten sie in den Fabriken für eine zu geringe Bezahlung und unter schlechten Arbeitsbedingungen arbeiten.

Die Bevölkerung Großbritanniens vervierfachte sich von 1780 bis 1900 von 8 Mio. auf 32 Mio., da sich die Lebenserwartung durch neue Hygienestandards und eine bessere Medizinversorgung erhöht hatte. Da nach und nach auch der Anbau von Pflanzen in der Landwirtschaft und die benutzten Düngemittel weiterentwickelt wurden, sanken die Preise für Nahrungsmittel und auch die Schichten abseits des Adels konnten sich ab und zu etwas Luxus leisten. Hierdurch waren die Unternehmen des Adels ausreichend mit Abnehmern versorgt.

Als das 19. Jahrhundert anbrach, begannen auch die anderen Länder des Kontinents ihre Industrie auszubauen. Bis zum Ende des Jahrhunderts sollte sich so „das Gesicht Europas und der Welt"[6] komplett verändern. Die Leistungsfähigkeit der Industrie eines Staates spielte nun die größte Rolle bei der Entscheidung, welcher am meisten Macht besaß. Durch den Vorsprung des Königreichs, was die Techniken betraf, sowie deren zahlreiche Rohstoffquellen setzte sich Großbritannien gegen die anderen Staaten durch und nahm

---

5 →https://de.wikipedia.org/wiki/Industrialisierung
6 → http://www.wissen.de/die-anfaenge-der-industrialisierung-1751-1785

die Spitze der Weltmächte ein. Die hierdurch entstehenden Konflikte zwischen den Großmächten führten 1914 zum Ersten Weltkrieg.

Doch auch in den Staaten selbst wurde es in dieser Zeit unruhig. Die Bürger, welche in der Gesellschaft zunehmend an Bedeutung gewannen, forderten ein Mitspracherecht in der Politik. Das Zeitalter des Nationalstaates begann und wurde durch förmliche Wellen an Revolutionen eingeläutet.

Doch auch an England ging die Industrialisierung nicht spurlos vorüber. Durch die vielen Bauern, welche in der Stadt nach Arbeit suchten, waren diese bald überfüllt. Da man mit einem solchen Ansturm auf die Städte nicht gerechnet hatte, waren auch „Kanalisation und Hygieneeinrichtungen"[7] nicht für so viele Einwohner ausgelegt und es brachen Choleraepidemien aus.

In den Fabriken selbst konnten deren Besitzer mit ihren Arbeitern quasi umgehen, wie sie wollten. Dabei spielte es keine Rolle, ob es sich um eine Lohnkürzung nach einer scheinbar fehlerhaften Produktion handelte, oder das Verbot zugleich, jedoch zu anderen Uhrzeiten, in anderen Unternehmen zu arbeiten. Das Gericht konnte nicht gegen die Fabrikanten vorgehen.

Ein großes Problem der damaligen Zeit war die Kinderarbeit. Kleine Kinder von 4-5 Jahren mussten in den Schächten der Bergwerke arbeiten und Frauen, sowie Mädchen wurden wegen deren Geschicklichkeit in den Fabriken gebraucht, um kleinere Aufgaben, wie das Zusammenknüpfen von Fäden, zu erledigen. Frauen spielten in dieser Zeit eine große Rolle, da Männer ab einem gewissen Alter keine Arbeit mehr finden konnten. Um mit diesem Druck fertig zu werden, verfielen immer mehr Männer der Alkoholsucht. Diese verschlechterte ihren Zustand jedoch meist noch zusätzlich.

Als sich dann der Preis für das Getreide erhöhte, fehlte in vielen Familien das Geld, um sich ernähren zu können und viele Menschen verhungerten deshalb.

4.2 Brasilien

Als in den 1860ern der Export Brasiliens an Kautschuk, Rindfleisch, Kaffee, Zucker und anderen Agrarprodukten anstieg, setzte allmählich die Industrialisierung ein. Die Industrialisierung in Brasilien zeichnet sich besonders durch ihre importsubstituierende Art und Weise aus. Das heißt, dass der inländische Markt von dem der Außenwelt

---

[7] http://www.globalisierung-fakten.de/industrialisierung/england/

abgeschottet wird, um die Produktion im Land selbst zu erhöhen. Dies kann willentlich herbeigeführt werden oder wird durch andere Faktoren verursacht. Im Falle Brasiliens wurde der brasilianische Markt mit Absicht abgeschottet, da der damalige Präsident Getúlio Vargas Brasilien vor den Folgen der Weltwirtschaftskrise schützen wollte. Dadurch kam es im Land zu einem Wechsel aus Fortschritten und Stagnationen in der wirtschaftlichen Entwicklung des Landes.

Allerdings gab und gibt es zahlreiche Faktoren, die die Wirtschaft in Brasilien hemmen. Denn seit der Abschaffung der Sklaverei im Jahr 1888 fehlten Arbeitskräfte. Außerdem finanzierte sich der Staat meist, indem er sich weiter verschuldete, weshalb die Inflationsrate zusehends stieg. Sie konnte erst nach mehreren Währungsreformen im Jahre 1994 unter Kontrolle gebracht werden.

Als der Staat immer mehr die Kontrolle über die Wirtschaft nahm und die Schulden weiter wuchsen, es aber keinen wirtschaftlichen Wachstum mehr gab, wurde der Markt Brasiliens 1982 geöffnet.

Eines der größten Probleme, das Brasilien auch heute noch hat, ist der hohe gesellschaftliche Unterschied, zwischen dem Süden und dem Norden des Landes. Während der Süden durch die beginnende Industrialisierung und die dadurch angelockten europäischen Immigranten und deren Kenntnissen weiter gestärkt wurde, verarmte vor allem der Nordosten immer weiter.

Doch der erste Weltkrieg löste in Brasilien eine wirtschaftliche Krise aus, da ihre wichtigsten Exportgüter im Preis stark fielen. Durch die finanzielle Unterstützung Englands konnte die Wirtschaft, dann jedoch durch zahlreiche Fabrikgründungen weiter wachsen. Viele dieser Fabriken mussten allerdings nach einigen Jahren wieder schließen, da die europäischen Unternehmen bald wieder liefern konnten und diese vom Markt verdrängten.

Die Wirtschaft war dadurch nun weitgehend stabilisiert, jedoch entstanden ab 1917 in größeren Städten Streikwellen, welche die Regierung zu unterdrücken wusste. Im Jahrzehnt darauf versuchten die Bürger mithilfe von Gewerkschaften und Arbeiterparteien ihre Position im Staat zu stärken, was ihnen jedoch nicht gelang.

Während des zweiten Weltkrieges machten sich die brasilianischen Unternehmer ihr neu gewonnenes Wissen zu Nutze. Durch das Wissen der zugezogenen Europäer konnten sie die Absatzmärkte, welchen es durch die im Krieg verwickelten Länder an Zulieferanten mangelte, für sich einzunehmen. Der Staat unterstützte die Wirtschaft, hauptsächlich

Metallindustrie und Bergbau, mit zusätzlichem Kapital. Allerdings war „das Fundament der Produktionsgüterindustrie schmal" [8] , vor allem die zentrale Industrie der Nachkriegszeit, der Maschinenbau, war kaum vertreten. Auch der Defizit an Kohle und Kapital erschwerten den Ausbau der Wirtschaftszweige Kohle und Elektrizität. Dafür waren Petroleum und Wasser als Energielieferanten für die Industrie vorerst lohnenswerter. Ein großer Vorteil für Brasilien sind die großen Eisen- und Manganvorkommen des Landes, welche allerdings nicht abtransportierbar waren, da sie nicht an das Verkehrsnetz angeschlossen waren.

Wie auch in England und Deutschland, wuchsen die Städte durch die Zuwanderung der auf dem Land Lebenden und auch heute noch befinden sich die Städte im Wachstum. Doch vor allem in ärmeren Vierteln entstehen dadurch Probleme, denn die Nahrungsmittelversorgung war eh schon mangelhaft. Da sich die Agrarproduktion hauptsächlich auf den Export der Waren konzentrierte, verschlechterte diese sich noch weiter.

Trotz all dieser Mängel und Folgen der Industrialisierung in Brasilien befindet sich das Land bei den Wirtschaftsnationen sehr weit oben und ist der stärkste Wirtschaftsstaat in Südamerika.

5. Fazit

Mithilfe Englands als Vorreiter der Industrialisierung gelang es Deutschland seine Industrie durch von den Engländern abgeschaute Methoden und Techniken schneller zu höheren Leistungen zu treiben. Betrachtet man dabei noch die zahlreichen Probleme, welche es dem Land deutlich erschwerte, industriell durchzustarten, ist dies eine beeindruckende Leistung. Durch ein immer besser werdendes Zusammenspiel der Staaten, was Handel und Wirtschaft betraf, konnte sich Deutschland schnell gegen aufkommende Konkurrenten durchsetzen. Auch Probleme, wie die soziale Frage wurden, wenn auch sehr spät, durchaus vorbildlich gelöst, so war Deutschland zu dieser Zeit eines der fortschrittlichsten Länder, was Versicherungen der Arbeiter anging. Auffallend ist, dass Deutschlands ursprüngliche Hauptindustrien auch heute noch eine große Rolle im internationalen Handel haben. Zwar spielt hier die eigentliche Schrittmacherfunktion, die Eisenbahn, keine so große Rolle mehr, jedoch haben die Automobilherstellung und

---

[8] http://www.zeit.de/1949/32/industrialisierung-in-brasilien

Chemieindustrie Deutschlands eine zentrale Rolle auf dem Markt der Welt. So sind die deutschen Autohersteller mit Volkswagen, BMW und Daimler mit drei Herstellern unter den Top 20 der Welt vertreten und bei der PKW-Herstellung befindet sich Deutschland auf dem dritten Platz[9]. In der Chemieindustrie nimmt auf der Liste der größten Chemieunternehmen 2014 der deutsche Konzern BASF den ersten Platz ein, die Firma Bayer befindet sich weltweit auf dem zehnten Platz[10].

Später industrialisierte Länder können zwar Fehlern aus dem Weg gehen, diese allerdings nicht ganz vermeiden. Ein gutes Beispiel hierfür ist Brasilien. Denn dieses Land ist zwar sozusagen frisch industrialisiert, hatte und hat jedoch dieselben oder ähnliche soziale Probleme, wie sie auch England und Deutschland hatten.

Man kann also sagen, dass später industrialisierte Länder zwar technisch gesehen einen Vorteil haben, ihre spätere Entwicklung jedoch auch von zahlreichen anderen Faktoren abhängig ist. So kann sich, im Falle Brasiliens, ein Land zwar bei der Technik ein industrialisiertes Land als Vorbild nehmen, allerdings bringt dies wenig, wenn man keine oder nicht genügend qualifizierte Arbeiter hat.

ǀ

---

[9] Vgl. https://de.wikipedia.org/wiki/Wirtschaftszahlen_zum_Automobil#Automobilproduktion (Stand 15.01.16)

[10] Vgl. https://de.wikipedia.org/wiki/Liste_der_größten_Chemieunternehmen (Stand 15.01.16)

6. Quellenverzeichnis:

GbR BFW - Bianca Bonacci, Sabine Gruler, Kirsten Wagner: *Was war die Industrialisierung?*
http://www.kinderzeitmaschine.de/neuzeit/lucys-wissensbox/kategorie/gesellschaft-alltag-von-harter-arbeit-in-der-fabrik-einem-herrn-biedermeier-und-hummermayonaise/frage/was-war-die-industrialisierung.html?ht=6&ut1=120
Abruf: 20.12.2015

GbR BFW - Bianca Bonacci, Sabine Gruler, Kirsten Wagner: *Warum begann die Industrialisierung in Deutschland verspätet?*
http://www.kinderzeitmaschine.de/neuzeit/lucys-wissensbox/kategorie/gesellschaft-alltag-von-harter-arbeit-in-der-fabrik-einem-herrn-biedermeier-und-hummermayonaise/frage/warum-begann-die-industrialisierung-in-deutschland-verspaetet.html?no_cache=1&ht=6&ut1=120
Abruf: 20.12.2015

GbR BFW - Bianca Bonacci, Sabine Gruler, Kirsten Wagner: *Deutscher Zollverein*
http://www.kinderzeitmaschine.de/index.php?id=401&no_cache=1&ht=6&ut1=120&ut2=99&evt=586&st=zollverein
Abruf: 20.12.2015

GbR BFW - Bianca Bonacci, Sabine Gruler, Kirsten Wagner: *Weberaufstand in Schlesien*
http://www.kinderzeitmaschine.de/index.php?id=401&no_cache=1&ht=6&ut1=120&ut2=99&evt=589&st=weberaufstand
Abruf: 20.12.2015

Fuchs, Manuel: *Industrialisierung in Deutschland*
http://www.globalisierung-fakten.de/industrialisierung/industrialisierung-in-deutschland/
Abruf: 28.12.2015

Maristen-Gymnasium Furth: *Wie begann die Industrialisierung in Deutschland?*
http://www.maristen-gymnasium.de/mgf_alt/faecher/geschichte/projekte/ir/deutschland.htm
Abruf: 28.12.2015

Brendel, Marvin: *Die Industrielle Revolution in Deutschland*
http://genossenschaftsgeschichte.info/hintergrund-industrielle-revolution-in-deutschland-120
Abruf: 30.12.2015

Scriba, Arnulf: *Industrie und Wirtschaft*
https://www.dhm.de/lemo/kapitel/kaiserreich/industrie-und-wirtschaft.html
Abruf: 03.01.2016

Hilt, Kerstin: *Industrialisierung in Deutschland*
http://www.planet-wissen.de/gesellschaft/wirtschaft/industrialisierung_in_deutschland/pwwbindustrialisierungindeutschland100.html
Abruf: 03.01.2016

Kruse, Wolfgang: *Industrialisierung und moderne Gesellschaft*
http://www.bpb.de/geschichte/deutsche-geschichte/kaiserreich/139649/industrialisierung-und-moderne-gesellschaft
Abruf: 06.01.2016

o.V.: *Industrialisierung*
https://de.wikipedia.org/wiki/Industrialisierung
Abruf: 06.01.2016

Harald Frater: *Die Anfänge der Industrialisierung 1851-85*
http://www.wissen.de/die-anfaenge-der-industrialisierung-1751-1785
Abruf: 10.01.2016

Fuchs, Manuel: *Industrialisierung in England*
http://www.globalisierung-fakten.de/industrialisierung/england/
Abruf: 10.01.2016

o.V.: *Die Englische Industrialisierung - Referat*

http://www.lerntippsammlung.de/Die-Englische-Industrialisierung.html

Abruf: 10.01.2016

o.V.: *Industrialisierung in Brasilien*

http://www.zeit.de/1949/32/industrialisierung-in-brasilien

Abruf: 12.01.2016

o.V.: *Geschichte Brasiliens*

https://de.wikipedia.org/wiki/Geschichte_Brasiliens

Abruf: 12.01.2016

o.V.: *Brasilien - Wirtschaft*

https://de.wikipedia.org/wiki/Brasilien#Wirtschaft

Abruf: 12.01.2016

Zoller, Rüdiger: *Brasilien – Demokratie mit kleinen Fehlern*

http://www.bpb.de/internationales/amerika/lateinamerika/44661/geschichte?p=0

Abruf: 12.01.2016

BEI GRIN MACHT SICH IHR WISSEN BEZAHLT

- Wir veröffentlichen Ihre Hausarbeit,
  Bachelor- und Masterarbeit

- Ihr eigenes eBook und Buch -
  weltweit in allen wichtigen Shops

- Verdienen Sie an jedem Verkauf

Jetzt bei www.GRIN.com hochladen und kostenlos publizieren